Fís agus Teanga

Fís agus Teanga

arna gcnuasach ag
Pádraic Reaney
agus
Micheál Ó Conghaile

Féile 2000
i gcomhar le

Cló Iar-Chonnachta
Indreabhán
Conamara

An Chéad Chló 1999
© Na hEalaíontóirí/
Cló Iar-Chonnachta Teo. 1999

ISBN 1 902420 22 5

Ealaín Chlúdaigh: *Tabhair dom do lámh* le Seán Ó Flaithearta, *Figiúr* le Pádraic Reaney agus *Bean* le Darach Ó Scolaí

Dearadh: Johan Hofsteenge

Faigheann Cló Iar-Chonnachta cabhair airgid ón g**Comhairle Ealaíon**

Clóchur: Cló Iar-Chonnachta, Indreabhán, Conamara
Fón: 091-593307 **Facs:** 091-593362 **r-phost:** cic@iol.ie
Priontáil: Clódóirí Lurgan Teo., Indreabhán, Conamara
Fón: 091-593251 / 593157

An Pictiúr agus an Glór,
an Briathar agus an Gníomh

Agus deireadh an chéid is flúirse litríocht i stair na Gaeilge buailte linn, táimid ag seasamh le faobhar na haille. In ainneoin fhlosc na foilsitheoireachta san fhichiú haois, cheapfá in amanna nach bhfuil mórán níos mó léitheoirí ann don charn leabhar atá á scríobh i nGaeilge ná na scríbhneoirí féin atá á gcumadh.

Ar feadh an ama, tá athrú as cuimse ag teacht ar ionad na Gaeilge ar na meántonnta agus go deimhin féin ar an ardmhinicíocht ar fud na tíre. Tá an meán sin a shaothraigh na Gaeil ó Chath Chionn tSáile i leith, an glór daonna, tá sé fós ina bhunchloch don bhfiniméan leathrúnda sin a dtugtar an cultúr Gaelach air. Ach má tá féin, is meán é atá faoi léigear ag an síofra sin a shleamhnaigh isteach sa chistin i dtús na seascaidí, an scalltán cuaiche a bhfuilimid ar fad bailithe ina thimpeall, na súile ar leathadh orainn le deich mbliana fichead – bosca na teilifíse. Mar ó lár na seascaidí tá an glór á mhúchadh ag an bpictiúr.

Le bunú Theilifís na Gaeilge (TG4) thug saol na Gaeilge céim eile fós i dtreo chultúr na físiúlachta, an teanga idirnáisiúnta sin a bhfuil oiread líofachta bainte amach ag an óige inti, ó tharla gur leis an saol ilchainéal teilifíse a tógadh iad. An de bharr ollchumhacht an bholscín atá níos mó tuinnimh le haireachtáil faoi na dearcealaíona sa tír seo anois ná mar a bhí ó aimsir na ngabhna geala is mhaisitheoirí na leabhar beannaithe?

Spéisiúil go leor, is leis an nglúin dheireanach sin a tógadh sular leathnaigh an teilifís isteach sna tithe a bhaineann formhór ealaíontóirí an taispeántais seo. An teanga Ghaeilge agus líofacht sa teanga sin an snáth is tréine a cheanglaíonn le chéile iad. Fir a bhformhór – agus chomh maith leis sin, seachas Cliodna Cussen, is as an nGaeltacht dóibh ar fad.

Ach an oiread le ceantar tuaithe ar bith in iarthar na hÉireann, is beag den dearcealaín a bhí le feiceáil ag aon duine de na healaíontóirí seo is iad ag teacht i méadaíocht. Ina ainneoin sin, is leis an teanga fhísiúil a chuaigh siad lena mian chruthaitheach a chur in iúl. Agus cad chuige nach rachfadh? Mar cé nach raibh aon struchtúr eacnamaíoch ann ar feadh na gcéadta bliain a thacódh leis na dearcealaíona gaelacha, bhí rudaí áille á gcruthú ar feadh an ama sa saol sin. Bhí ballaí cloiche á dtógáil a bhfuil éad ar dhealbhóirí an domhain mhóir leo. Bhí fíodóirí, saoir bháid, lucht cniotála, lucht déanta lása agus lucht gróigthe móna ag saothrú leo, traidisiún ceardaíochta ar a gcúl, mórtas as caighdeán a gcuid oibre ina spreagadh is ina shlat tomhais dóibh go leanúnach.

Ach nuair a tháinig an neach chun cinn le deireanas sa Ghaeltacht a dtugtar 'ealaíontóir' air, tá sé spéisiúil go raibh agus go bhfuil ceangal láidir le feiceáil ina shaothar leis an nglór daonna, leis an amhrán sean-nóis, leis an scéal gaile agus gaisce. Bhí an ceangal seo le feiceáil i saothar Phádraic Reaney, go háirithe, ó thús.

As an gCeathrú Rua do Phádraic, agus sa stíl ghrafach a chleachtaigh sé i dtús a ré, léirigh sé smionagar na himirce – fothracha tí i Ros a' Mhíl. Bhí caoineadh na himirce i gceist sna híomhánna sin, cumha an phobail a bhí fágtha mar fhothraigh i ndiaidh na n-imirceánach, chomh maith le creimeadh na teanga féin.

Níos déanaí, tharraing Reaney chuige féin ceann de scéalta móra na Gaeilge – Táin Bó Cuailgne. Scéal é seo a ndearna Louis le Brocquy a chuid féin de sna seascaidí, agus é ag léiriú leagan Béarla Thomas Kinsella den scéal.

Le cúpla bliain anuas, tá pearsa eile ar mhór i gceist é ag seanchaithe an ama atá caite tagtha isteach ina shaothar – Colmcille, gaiscíoch Críostaíochta, fear a raibh scil nach beag aige (más fíor don seanchas) i ndraíocht na págánachta. Is é an bua draíochta sin a spreag an íomhá atá le feiceáil ar phóstaer Fhéile 2000. Siúd é Colmcille, ní ag siúl ar dhromchla an uisce mar a rinne an Slánaitheoir, ach ag léim go haclaí ó chloch go cloch mar a bheadh mionnán sléibhe ann – leaca sleamhna ag snámh aníos go fáilteach ó thóin an locha le cosán réidh a dhéanamh don naomh.

Más iad pearsana na scéalaíochta a bhí mar spreagadh ag Pádraic Reaney, tá ábhar i bhfad níos bunúsaí in armlón na teanga i gceist ag Seán Monaghan agus Máirtín Ó Céidigh – an aimsir. Murach í, cén t-údar cainte a bheadh ag aon duine againn?

Sa chomhshaothar seo *Píosa 2000*, déantar ceangal idir spéir agus talamh, idir scamall agus sruth, idir solas agus easpa solais. Scáthán mór atá i gceist acu agus cruth míre mearaí air. Dírithe ar an spéir atá sé agus síorghluaiseacht an aeir is an uisce a léiríonn sé. Seo an t-ábhar atá á shaothrú ag péintéirí tírdhreacha leis na céadta bliain – ag iarraidh breith ar an toit is ar an gceo sin arb iad bunús na beatha iad agus iad a chur i láthair an phobail le scil agus le samhlaíocht, sa chaoi is go mbeidh an pobal féachana sin á bhfeiceáil as an nua.

Saothar é seo atá i bhfad ón ngnáthshamhail de phictiúr péinteáilte is é crochta ar bhalla gailearaí, ach aisteach go leor, is é an rud is mó a chuireann sé i gcuimhne dom féin ó thaobh na healaíne de saothar Paul Henry – fear a raibh an spéis chéanna sin aige sna scamaill a bhíodh ar foluain os cionn Ghaeltacht Acla i dtús na haoise seo.

Tá tionchar na haimsire le haireachtáil ar shaothar Chaitlín Ní Ghallchóir chomh maith, ach is ar an talamh níos nó ná ar an spéir atá a spéis sise dírithe. Dathanna glasa, donna, donnghlasa glasdonna an phortaigh a shaothraíonn sise. Ach in ainneoin a spéise sa dath, ar cuid é de bhunghraiméar theanga na físiúlachta, féach go bhfuil tionchar ghlór a dúchais tagtha i gceist chomh maith. Línte ó amhráin atá mar theidil ar chuid dá pictiúir – amhráin a bhfuil a scéalta suite go dlúth sa timpeallacht tuaithe sin atá mar ionspioráid bhisiúil ag Caitlín – leithéidí *Tá mo chleamhnas déanta*.

Is beag teach in iarthar na hÉireann ar tháinig beirt dhearcealaíontóir as, agus is lú fós an líon tithe in Oileáin Árann a bhí amhlaidh. Ach tá na dearthaireacha Ó Flaithearta as Árainn ag saothrú leo ó bhí lár na n-ochtóidí ann agus roimhe sin. Tá dhá bhóithrín éagsúla ealaíne siúlta acu – d'imigh fear amháin acu, Pádraig (ach an oiread le hathair Bhónapárt in *An Béal Bocht*), ar an drabhlás go hAlbain, áit a bhfuil sé ag saothrú na dealbhóireachta go príomha le blianta is é lonnaithe i nGlaschú, in Obair Dheadhain agus anois in Inbhir Nis. Saothair fhrámaithe atá anseo aige ach go bhfuil an tríú toise i gceist go láidir iontu. Íomhánna iad ón tír fho-thoinn – clocha, duirling, feamainn Bhealtaine a áite dúchais, gona 'mórchuid cloch is gannchuid cré' mar a dúirt rí-éigeas an oileáin, Máirtín Ó Direáin.

Stíl eispriúnach, stíl gharbh a chleachtaigh Seán Ó Flaitheartha ó thús. Ní díspeagadh a shamhlaím leis an bhfocal 'garbh' ach moladh – is ag cuimhneamh ar an gcéad abairt chumhachtach sin a bhreac Seosamh Mac Grianna in *Mo Bhealach Féin* atáim: 'Deirtear go mbíonn an fhírinne searbh, ach ní searbh a bhíonn sí ach garbh agus sin an fáth a seachantar í'. Fear é Seán Ó Flaitheartha nár chúbaigh riamh ón bhfírinne. Bíonn siombailí i gceist aige cinnte agus is minic chomh maith aige suímh agus daoine ar geall le míreanna as scéal anaithnid iad, scéal atá ligthe i ndearmad nó nach bhfuil cumtha fós.

Braithim bunús scéalaíoch den chineál céanna ag baint le canbháis atmaisféarúla Dharach Uí Scolaí. Lucht imeartha cártaí, lucht siosmaide crosbhóthair, lucht ólta piontaí a léiríonn sé, carachtair iad as an gcéad radharc de scannán samhailteach, scannán ina nochtfar rúin dhorcha an chomhluadair go léir.

Dála na n-ealaíontóirí Seán Monaghan agus Máirtín Ó Céidigh, is leis an spás poiblí amuigh faoin spéir is mó a thagann ealaín Chliodna Cussen i láthair an phobail. Níl le déanamh ach súil a chaitheamh ar liosta na gcoimisiún atá cruthaithe aici le deich mbliana anuas le féachaint cé na pearsana ó stair na Gaeilge atá ceiliúrtha agus comórtha aici ina saothar – Dáibhí Ó Bruadair, an Triúr Mairtíreach, pobal anróiteach an Ghorta Mhóir chomh maith le gaiscigh chomhaimseartha, dála Stephen Roche na rothaíochta. Mar mhaisitheoir rialta ar leabhair an tí fhoilsitheoireachta Coiscéim is léir le fada an bá atá aici leis an mbriathar chomh maith leis an ngníomh snoíodóireachta.

De réir mar a bhogfaidh an dearcealaín i dtreo lár an aonaigh challánaigh sin arb é saol cultúrtha na tíre seo é, beidh sé spéisiúil féachaint cén lorg a fhágfaidh lucht labhartha na Gaeilge ar an ngné seo de chruthaitheacht na hÉireann sna blianta 2000. Mar a thuigeann na healaíontóirí sna saothair leo atá le feiceáil anseo, is maith an scéalaí í an aimsir.

Tadhg Mac Dhonnagáin

Na hEalaíontóirí

Darach Ó Scolaí: As Indreabhán do Dharach ach chaith sé cúig bliana sa Fhrainc ag péintéireacht i measc na nAlp. Chomh maith le bheith i mbun scuaibe tá aitheantas bainte amach aige mar scríbhneoir agus craoladh scannán gearr dá chuid *Cosa Nite* ar an teilifís i 1998.

Cliodna Cussen: Tá go leor de shaothar ealaíne Chliodna le feiceáil go poiblí ar fud na tíre. Oibríonn sí leis an gcré-umha agus le bunábhair eile chomh maith. Tá Cliodna tar éis dearadh a dhéanamh ar na scórtha leabhar Gaeilge de chuid Choiscéim.

Caitlín Ní Ghallchóir: Rugadh Caitlín sa bhliain 1969 agus tógadh í i gceantar Ghaoth Dobhair. Tá céim sna Míndána aici ó Ollscoil Uladh, Béal Feirste. Léirigh sí a cuid oibre i ngrúpthaispeántais i nGailearaí na Gléibe agus in Ionad Cois Locha i dTír Chonaill.

Pádraic Reaney: Rugadh Pádraic ar an gCeathrú Rua sa bhliain 1952. Tá sé ina chónaí i Maigh Cuilinn anois mar a bhfuil stiúideo aige agus é ag plé leis an ealaín go lánaimseartha. Bhí go leor taispeántas aonair aige agus tá a shaothar le feiceáil i mbailiúcháin phríobháideacha agus phoiblí ar fud an domhain. Tá a lán clúdach leabhar agus dlúthcheirníní maisithe aige do Chló Iar-Chonnachta.

Seán Ó Flaithearta: As Cill Rónáin in Árainn do Sheán Ó Flaithearta a rugadh sa bhliain 1964. Tá céimeanna aige san ealaín ó choláistí in Éirinn agus i Meiriceá. Bhí go leor taispeántas éagsúil aige ar fud na tíre, ina measc "Coiscéim na Trócaire" sa mbliain 1995.

Pádraig Ó Flaithearta: Deartháir do Sheán a bhfuil céimeanna aige san ealaín ó ollscoileanna in Éirinn agus in Albain. Bhronn an Chomhairle Ealaíon sparánachtaí air i 1989 agus i 1994. Bhí taispeántais éagsúla aige in Éirinn agus thar lear.

Seán Monaghan: Rugadh Seán i Maínis, Carna sa bhliain 1958. Tá céim sa dealbhóireacht aige ó Choláiste Náisiúnta Ealaíne Bhaile Átha Cliath. Tá aithne ar Sheán freisin mar cheoltóir agus mar chumadóir amhrán. Is é a chum 'An Dreoilín' agus 'An Ronnach'.

Máirtín Ó Céidigh: Rugadh Máirtín i nGaillimh sa bhliain 1958 agus is sa chathair sin fuair sé a chuid oideachais. Cuireadh a chuid ealaíne ar taispeáint ag cuid mhaith féilte, ina measc Féile Ealaíon na Gaillimhe. Tá obair thábhachtach déanta aige freisin mar riarthóir ar thaispeántais ealaíne.

Ceist na Teangan

Nuala Ní Dhomhnaill

Cuirim mo dhóchas ar snámh
i mbáidín teangan
faoi mar a leagfá naíonán
i gcliabhán
a bheadh fite fuaite
de dhuilleoga feileastraim
is bitiúman agus pic
bheith cuimilte lena thóin

ansan é a leagadh síos
i measc na ngiolcach
is coigeal na mban sí
le taobh na habhann,
féachaint n'fheadarais
cá dtabharfaidh an sruth é,
féachaint, dála Mhaoise,
an bhfóirfidh iníon Fhorainn?

Antain

Colette Ní Ghallchóir

Uaigneach
Uaigneach
thú anocht, a Antain
i bhfad ó bhaile

Do chnámha a bhí aclaí tráth
Sínte fuar anocht
Ar mharmar i mBristol

Cuirfear thall é
Dúirt an Raidió
Ar fhód a bháis.

Ní fheicfear a chónair
Ag sníomh siar
ar bhealach chúng na locha
Ná muintir a mhuintire
á chaoineadh
Sa reilig úd cois cuain.

Sáifear síos é
'gcréafóg fhuar na gcoimhthíoch

Maith dó, a Dhia, a chionta
agus maithfidh seisean duitse
a phearsanacht agus a nádúr.

Caoineadh

Cathal Ó Searcaigh

Chaoin mé na cuileatacha ar ucht mo mháthara
An lá a bhásaigh Mollie – peata de sheanchaora
Istigh i gcreagacha crochta na Beithí.
Á cuartú a bhí muid lá marbhánta samhraidh
Is brú anála orainn beirt ag dreasú na gcaorach
Siar ó na hailltreacha nuair a tchímid an marfach
Sna Beanna dodhreaptha. Préacháin dhubha ina scaotha
Á hithe ina beatha gur imigh an dé deiridh aisti
De chnead choscrach amháin is gan ionainn iarraidh
Tharrthála a thabhairt uirthi thíos sna scealpacha.
Ní thiocfaí mé a shásamh is an tocht ag teacht tríom;
D'fháisc lena hucht mé is í ag cásamh mo chaill liom
Go dtí gur chuireas an racht adaí ó íochtar mo chroí.
D'iompair abhaile mé ansin ar a guailneacha
Ag gealladh go ndéanfadh sí ceapairí arán préataí.

Inniu tá mo Theangaidh ag saothrú an bháis.
Ansacht na bhfilí – teangaidh ár n-aithreacha
Gafa i gcreagacha crochta na Faillí
Is gan ionainn í a tharrtháil le dásacht.
Cluinim na smeachannaí deireanacha
Is na héanacha creiche ag teacht go tapaidh,
A ngoba craosacha réidh chun feille.
Ó dá ligfeadh sí liú amháin gaile – liú catha
A chuirfeadh na creachadóirí chun reatha,
Ach seo í ag creathnú, seo í ag géilleadh;
Níl mo mháthair anseo le mé a shuaimhniú a thuilleadh
Is ní dhéanfaidh gealladh an phian a mhaolú.

(I gcuimhne mo mháthar)

An tIar–Nua–Aoisí

Alan Titley

Bhí cónaí air sa chathair ba chosmapalatanaí sa tír, agus d'itheadh sé, nuair a d'oir sin dó, sna bialanna Síneacha. Níor scorn leis, gan amhras, an bia Indiach ach is annamh a réitíodh lena ghoile, ná le codanna eile de níos faide ó dheas. Bróga Gucci a bhíodh ar a dhá spág de chosa mar bhí an t-airgead aige chucu. Chaitheadh sé fós éadaí a dhear Versacci cé nárbh é an té ba mhó a raibh gealladh faoi níos mó. Bhí pictiúir de chuid Picasso agus Constable agus Ronaldi ar a chuid ballaí aige (ach níor bhunphictiúir iad, gan amhras). Tráth dá raibh bhí cuimhne aige gur thug sé grá do bhean ó Thibéid na gCnoc, agus té eile ó Oileán na Cásca a bhí seasmhach daingean. Chaith sé uaidh a chreideamh dúchais agus chuir isteach tamall ina aindiagaí, ach ina dhiaidh sin ina Mhormannach (thaitin a gcuid béas leis) cé gur dócha anois go raibh sé lé aige leis an mBúdachas mar a bhí ag ceoltóirí agus ag oirfidigh áirithe. Rinne sé taisteal in Patagonia mar léigh sé an leabhar, agus ba mhian leis dul chun Balla Mór na Síne a shiúl mar tuigeadh dó go raibh sé le haithint ón ngealach. Bhí leabhair filíochta aige le Nikolaí Liliev (ón mBulgáir, sea), ó Vincenzo Monti nár fhéad sé a chuid maitheasaí a chur siar ar dhaoine eile, le Vladimir Solukhin ar réitigh a chuid turgnamhaíochta sa tsaorvéarsaíocht leis, agus le hAlfred Lichtenstein nach raibh aon bhaint aige leis an bhfoireann peile den ainm céanna. Maidir le ceol ba chaitliceach le háireamh é. Níor mhiste leis Moussa Poussy seachas Ronnie Fruge agus The Cajun Kings ach an oiread le Papa Wemba nó Kostatin Verimezov nó Mahmoud Tabrizi Zadeh nó Marta Sebastyen (ach go háirithe), cé go gcaithfeadh sé a admháil gur chuir sé teora timpeall ar Chionn Caslach agus a raibh de gheonaíl a tháinig as. Níor mhiste leis prátaí na Cipire ná gluaisteáin ón tSeapáin. Bhí smut de Fhraincis na scoile aige, agus Spáinnis na turasóireachta, agus Gearmáinis na scannán cogaidh, agus Laidin ar eagla go rachadh ar seachrán i Meiriceá Laidineach, agus Fionlainnis sa chás is go mbeadh sé leis féin i sauna ó thuaidh, agus Béarla líofa a raibh na mílte focal iasachta tríd.

Nuair a fuair sé bás, áfach, is amhlaidh a cuireadh i gcónra den dair fhíordhorcha Ghaelach é, na déithe á bheannachadh.

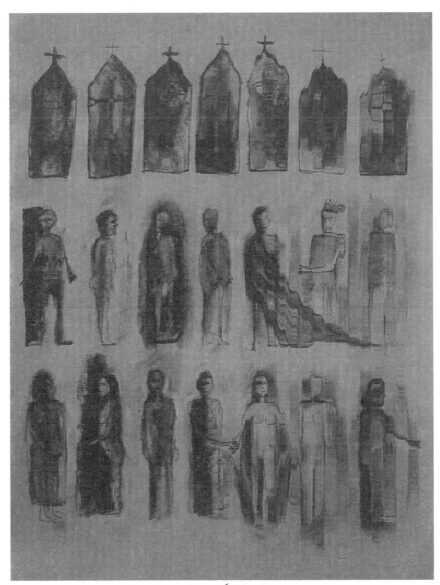

Seacht — Seán Ó Flaithearta

As na Cúlacha

Pádraic Breathnach

M'anam gur chuir na smaointe sin ar fad uaigneas mór orm.

Chuimhnigh mé ar an tráthnóna fadó, tráthnóna breá meirbh, nuair a bhí mé féin is m'athair ag filleadh abhaile ó obair an lae go bhfaca muid líne fhada gheal sa spéir theas. Cé go raibh an ghrian fuinte bhí solas maith i gcónaí ann agus ba bheag néal scamaill a bhí sa spéir ach gur fhoilsigh an líne gheal seo inti agus ba ag fadú a bhí sí. D'fheicteá ag imeacht í mar a bheadh gob, inneall beag, chun tosaigh uirthi.

Bhí an líne ag athrú datha freisin. Amanta bhí sí níos báine ná a chéile agus amanta bhí sí buí go maith; an chuid ba shia siar di ag leathnú amach; an chuid ba shia siar ar fad di ag briseadh is ag éalú mar néal ón gcuid eile.

Cibé céard a bhí ann chor ar bith? B'eitleán é, scaird eitleán, ar a bhealach siar go Meiriceá. Ó, a Mhaighdean! Cibé cén chaoi? Daoine inti an fhad sin thuas, níorbh fhéidir!

Chuimhnigh mé go minic ar an radharc draíochtúil sin i spéir an tráthnóna os cionn Chill Eaguala, muid ag coisíocht abhaile aníos as Baile Coirce, le hais Abhainn Chlaidhdigh, ualach slatracha sa charr againn, m'athair chun tosaigh ag treorú an chapaill, mise ag siúl i ndiaidh an ualaigh; mé ag breathnú isteach taobh na ciotóige san uisce mar a mbeirinn ar bhric rua.

Nó go bhfaca muid an feic sa spéir. Ba é m'athair a chonaic i dtosach é agus chuir sé an capall ina sheasamh. Mise ag rith amach go dtí é.

D'fhan an radharc sin go glé i m'intinn agus bhínn ag ceapadh nuair a thiocfainn in inmhe go mbeinn i mo phíolóta eitleáin, scaird eitleáin, scaird eitleáin mar an ceann sin. Deirinn i m'intinn go dtiomáinfinn fós eitleán acu go Meiriceá. Cé nár mé cén chaoi a mbeadh spás ann dom. An gcaithfinn a bheith i mo chrunca sa chábán? An gcaithfeadh na paisinéirí a bheith ina gcrunca ar mo chúl? Chonaic mé muid ar fad agus méid leipreachán ionainn. Mar gur oibríodh slaitín draíochta orainn. Muid ar ár mbealach go Meiriceá. Thall i Meiriceá, a luaithe is a thuirlingeodh muid ar an talamh, thabharfaí buille beag bídeach den tslaitín dúinn agus chuirfí le chéile arís muid.

Cibé cén chaoi a dtógfainn an t-eitleán anuas? Cibé cén chaoi a n-aithneoinn Boston nó Nua-Eabhrac?

Beairtle

Seán Ó Curraoin

Músclaíonn na Maoilíní na paisiúin i mBeairtle.
Is nuair a bhíonn sé imithe ón mbaile
Bíonn maolchnoc is maoilín, droim is droimín,
Ag déanamh deibhí scaoilte ina aigne.
Éiríonn a chroí le haoibhneas mar 'éiríonn an ghaoth ar na Maola,
Is mar scaipeas an ceo ar Sheana Fhraochóg.
Cloiseann sé arís fead naosc is grág chearc fraoigh an tsléibhe
Ar na Maoilíní cuanna caomha
Is bíonn ríméad air dá n-éisteacht.
Caitheann sé séapannaí is éiríonn sé *macho*
Is buaileann sé cois ar sheanphoirt Chonamara.
Titeann ceo draíochta ina chornaí míne ar an nglaschloch . . .
Músclaíonn na Maoilíní na paisiúin
Is bíogann an croí le mórghrá don bhaile.
Bíonn díonbhrat na Bóirne tríd an gceo
Ar nós dílphóg mná óige dá mhealladh.
Tagann vaidhbeannaí aoibhnis ón tír thiar chuige
Is tig bhéarsaí grá chun a bhéil,
Is nuair a thiteann an codladh céadtach ar chéadfaí
Bíonn fuadach faoina chroí
Ag brionglóidigh faoi na Maoilíní.

Tabhair dom do láimh — Seán Ó Flaithearta

Go dtí na Geataí — Seán Ó Flaithearta

Ní mian léi an fhilíocht níos mó

Gabriel Rosenstock

I bhfaiteadh na súl dhíbir sí na seabhaic
Na fiolair is na leoin
Ise a bhíodh chomh taithíoch sin
Ar an gcreach aoibhinn a d'aimsítí faoi luas.
Chuir teitheadh ar na leamhain
Ní chloistear a n-impí fhaiteach ar a fuinneoga
Níos mó,
Ina gceann is ina gceann
Stoith sí na bláthanna scréachacha
Is an ceannabhán:
Ní mian léi an fhilíocht níos mó;
Ní sásamh di, ní corraíl anama
Ní riachtanas dá meon —
Tá a saol curtha in ord.

D'fhéadfaí scaradh gan dua
Le duine atá imithe le prós an tsaoil
Ach gur cuimhin leat meadaracht a brollaigh
Comhfhuaim is athrá d'ainm ar a béal —
An caesúr doráite sula maidhmfeadh sí féin ina dán.

Mordán

Jackie Mac Donnacha

Dá mbeinn im fhaoileán
D'éireoinn
Agus gan stad
Sheasfainn ar bharr
Mhordán maorga

Chuirfinn caidéis ar na néalta
Agus ar na réalta
Agus chraithfinn láimh
le fear na gealaí

Ní hin m'éadan
I ndrúcht draíochtúil
na maidine
Thriomóinn sa bhfraoch
Agus sa bhfiataíl

Amharc aerach
Soir, siar, thuaidh, theas

Thógfainn pictiúr le mo shúil
Réalóinn im intinn
Agus
Thaispeánfainn don domhan mór
A bhfaca mé

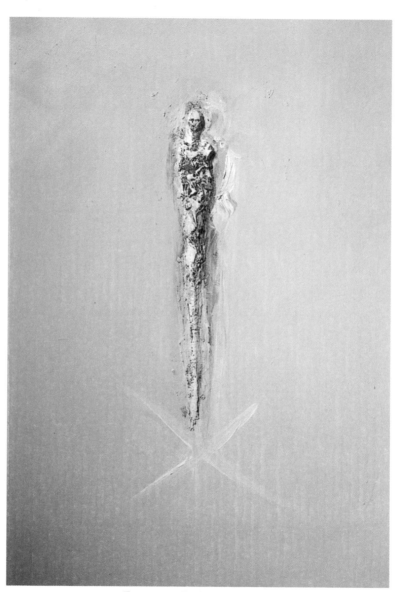

Figiúr — Pádraic Reaney

Figiúr le Clóca — Pádraic Reaney

Choo Choo na Traenach

Seosamh Ó Guairim

Tá an bháisteach ar fáil, tá an bháisteach ag gleadhradh
Anuas ar an tsráid, ar nós as béal bairille,
Anuas ar a bhfuil ann, agus caithfear é 'ghearradh:
É 'ghearradh, é 'ghearradh, é 'ghearradh!
Níl an gadaí féin ann le muid a thabhairt faoi deara!
Nó an bhfuil tada níos uaigní anois ná tada
Le torann cos a théann dá ghearradh?
Amárach tá mise ag gabháil abhaile:
Choo Choo na traenach do mo thabhairt abhaile.

Ar ais sa gcarr níl tada le maitheamh.
Níl tada dá rá a'inn le tada a mhaitheamh.
Tagann an bháisteach arís ar feadh scaithimh,
Ar feadh scaithimh bhig, 'gus sin anois scaitheamh.
Sin anois scaitheamh, 'gus sin anois scaitheamh
Ó bhí aon aiteall ann 'gus ó dúirt muid tada.
Ar an mbord bhí soithigh – folamh . . . !
Amárach tá mise ag gabháil abhaile:
Choo Choo na traenach do mo thabhairt abhaile.

Labhraíonn an Gearmánach ar an sícé,
Labhraíonn muide go minic ar an ól,
Labhraíonn an Seapánach, b'fhéidir, ar charannaí,
'Gus labhraíonn an Sasanach ar chéard 'fheileas dhó!
Ní labhraíonn mise anois ar thada.
Tá an traein ag caint liom ar bharra mo leasa.
Tá an traein anois dho mo thabhairt abhaile,
Ag caint ar ádh liom, 'gus ar bharra mo leasa:
Choo Choo na traenach do mo thabhairt go Gaillimh,
Choo Choo na traenach do mo thabhairt abhaile.

Le Plaisir de l'Amour

Pól Breathnach

Le plaisir de l'amour est d'aimer; et l'on
est plus heureux par la passion que l'on a
que par celle que l'on donne.
                    La Rochefoucauld, MAXIMES

Cuir de gheasa orm, a Ghrá, an ribe rua as cluais an fhathaigh a thabhairt abhaile as an Domhan Thoir chugat, go gcruthóidh mé fíre mo sheirce. (**Níl sé uaim!**) Cuir do chuid smaointe in iúl dom go n-éistfidh mé go cruinn, agus den liathuisce déanfaidh muid uisce glan. (**Níl sé uaim!**) Labhair faoin duine ba thú féin tráth—i do leanbh, i do mhalrach, is i do ghearrchaile dhuit—go gcúiteoidh mé leat gach mealladh, gach diomú, gach pian. (**Níl sé uaim!**) Seas os mo chomhair go ndéanfaidh mé dealbh fhoirfe dhíot as focail, duan a shaorfas thú ón mbás is a mhairfeas chomh fada is a bheas teanga i mbéal an duine. (**Níl sé uaim!**) Nocht dom mianta ceilte do chroí, go gcuirfidh muid i ngníomh iad, go bhfágfaidh muid, tamall, an intinn is an craiceann is gnáthach linn, agus fillfidh arís lán le ríméad. (**Níl sé uaim!**) Gabh i leith go n-adharfaidh mé le mo cholainn gach orlach díot, go ngabhfaidh mé ar seachrán i dtír chasta, nua-aimsithe, rúndiamhair, go ndéanfar dínn aon chorp amháin. (**Níl sé uaim!**) Abair liom láithreach má ghoidim ort dubh na hiongan de do shaoirse, go dtabharfadh mé ar ais faoi sheacht duit í, ó chroí maith mór, go bhfoghlaimeoinn le lufáire a dhéanamh leat faoi phléisiúr ar bith a thoghfas tú féin. (**Níl sé uaim!**)

Ach beidh sé uait, a Ghrá, beidh na nithe seo ar fad uait, nach mbeidh, nach mbeidh, má chruthaím mo dhíocas is mo dhílseacht, má phósaim thú, má roinnim a bhfuil agam leat, má ghinim leanbh leat? Is mara leor é sin, abair liom céard eile, mínigh dhom céard eile . . . (**Níl sé uaim, níl sé uaim, níl sé uaim!**)

Stoirm — Pádraic Reaney

Íochtar – Uachtar I — Pádraig Ó Flaithearta

Maireann an tSeanmhuintir

Máire Mhac an tSaoi

Thaitin leo an t-éadan ard ar mhnaoi –
Faisean an ghlibe ar bhaineannach ní bhfuair cion –
Agus scaradh leathan na súl
Agus an séanas mealltach chun tosaigh sa chár gléigeal:
Canóin na háilleachta 'ceapadh roimh theacht do Chríost . . .
Agus shamhlaíos dom féin go mbreacfainn a dtuairisc,
Mar, nuair nach ann dár nglúin-ne
Cé bhlaisfidh a séimhe siúd 'bhéascna?

Tharla mé ag múineadh scoile thiar ag an am san,
Agus ansan ar an mbínse leanbh mar lile:
Coimheascar na rós ar a leacain
Is a cúl dob' órbhuí,
Gorm a rosca agus mall,
Caoincheart a braoithe,
Agus a béilín úr mar shú na gcraobh insa Mheitheamh.
Aon bhliain déag do chláraigh
Is splanc ní raibh ina cloigeann,
Ná í in aon chor 'na thinneas,
Ba leor bheith ann is bheith amhlaidh.

Tháinig an focal 'bé' i dtreis le linn teagaisc;
'Sin focal ná beidh agaibh ,' do ráidh an mháistreás leo.
Phreab an lámh bheag in airde:
'Thá sé agamsa . . .'
Íoróin throm an mhúinteora scaoileas den éill léi:
'Innis má sea don rang é, a Treas, a 'stór do chuid eolais.'
Dána is teann as a gleoiteacht do raid sí an freagra:
'Bean gan aon éadach uirthi!'. . .
Do gháir Eoghan Rua.

An Charraig

Micheál Ó Conghaile

Déarfá gurbh ann ariamh di. Í ina carraig chomh storrúil damanta mór. Mór millteach. Agus téagarach. Charnódh a ceathrú fiú na céadta tonna meáchain ar aon scála ar domhan. Go deimhin, ní carraig ach ollcharraig. Fathach-charraig. Dia-charraig . . . Í sáilbháite go leisciúil i sméar mhullaigh an chnoic - go sócúil compordach cheapfá, mar a sciorrfadh go ceanúil d'ainsiléad Dé. Í ina máistir. Ina máistir feiceálach.

Ina hardmháistir ceannasach, cumasach. Thar a bheith ceannasach cumasach ag breathnú – fiú más i ngan fhios agus dá hainneoin féin é. Í ansiúd ag bearnú na mílte amharc i bhfáithim dhraíochtúil ildathach na spéartha. Níor ghéill an charraig ariamh d'aon tsúil ná sleasamharc dá ghéire, dá láidre, dá impíche. Rinne sclábhaithe feacúla adhrúla díobh dá mbuíochas ag urú a n-amharc. A cos i dtaca, sheas an fód go huasal dalba. Tostach. Marbhthostach. Tost críonna brionglóideach na haoise: na n-aoiseanna. A cruth sainiúil tostach féin aici ón uile mhíle uillinn sleasach. Síorathrú ar a síorchruth dá corp rocach carraigeach – na céadta leiceann uirthi: na céadta glúin: na céadta colpa: na céadta cluas: na céadta boiric: na céadta clár éadain: na céadta faithne: na ceadta goirín: na céadta at: na céadta súil: na céadta gearradh drúichtín: na mílte céadta . . .

D'aithneofá go bhfaca an charraig an uile mhíle ní ó chúil uile a cinn. Níor ghá di breathnú fiú. Chonaic i ngan fhios an dúiche uile máguaird. Amach os a comhair. Machairí droimleathana. Cnocáin bheaga ghlasa. Bánta aeracha bána, claíocha biorracha is mantacha. Bearnaí. Ailltreachaí. Clochair. Sclaigeanna is scailpeanna. Leacrachaí loma. Leacrachaí fada fadálacha. Is cótaí de chaonach liath fáiscthe anuas ar chuid acu . .

Agus garrantaí. An draoi acu. Iad ceannógach, ciorclach agus triantánach. Tuilleadh garrantaí éagruthacha. Cosáin aistreánacha. Portaigh bhoga riascacha. Srutháin chasta leath-éalaithe as amharc. Gleannta doimhne ag síneadh agus ag síneadh uathu níos faide i gcéin . . . Agus níos íochtaraí síos – cuanta leathana: crompáin chúnga: caltaí: céibheanna clochacha lámhdhéanta: tránna geala fairsinge, sáinnithe cúngaithe scaití ag na taoillte tuile. Farraigí saora imirceacha . . .

Cheapfá gur sheanmháthair uasal chríonna í an charraig díobh go léir. Seanmháthair chiúin thostach, nár thug mórán airde ar a gairm, déarfá . . . ach a bhí ann i gcónaí, mar sin féin, ar nós aosach máchaileach i gcathaoir rothaí. Níor lig as amharc iad. Aingeal coimhdeachta cianradharcach. Í cúthail, b'fhéidir leathbhodhar fiú. Mar a bheadh ag míogarnach léi ansin . . .

Ba é a saol é. A mhalairt eile níor chleacht a cnámh droma neamhaclaí stadaithe.

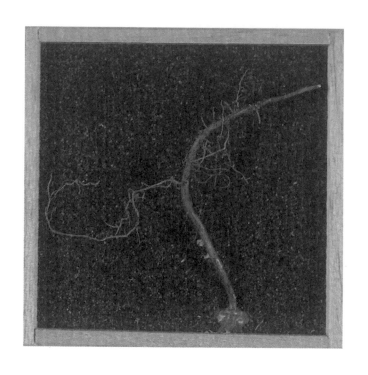

Íochtar – Uachtar II — Pádraig Ó Flaithearta

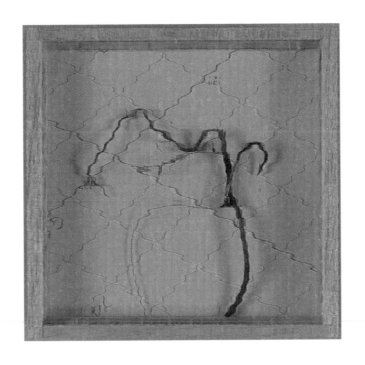

Íochtar – Uachtar III — Pádraig Ó Flaithearta

Aongus

Johnny Chóil Mhaidhc

Tá leaidín beag agamsa, leaidín beag bídeach
Agus cothrom an lae seo sea rugadh é
Ag a sé a chlog anocht beidh sé bliain ar an saol
Agus anocht sé an rí ar an teallach é.
I ndiaidh a chinn roimhe a tháinig Aongus sa saol
Ní raibh sé ag iarraidh a theacht, ach tháinig sé;
Bíonn meangadh ar a bhéal ó mhaidin go faoithin
Rud a insíonn gur cosúil gur maith leis é:
Tá an teach lán anseo inniu lena chairde is a ghaoil
Agus gan fhios aige fhéin cén t-údar é;
Iadsan ag síorá 'gus ag siosca eadrab fhéin
Agus ag fiafraí cé leis a ndeachaigh sé.
Tháinig an cheist sin chomh fada liom fhéin
Agus is beag ná sáinneadh cheal freagra mé
Ach má bhíonn sé in ann dhul inniu chuile áit a raibh sé inné
Sílim gur cuma liom eatarthu é;
Tá mise san aois le nach bhfeicfidh mé an lá
Go mbeidh Aongus sa mbeár agus deoch aige.
Ach má chaitheann sé dhó a sheaicéad,
Ag fiafraí cé is fearr
Fiafróidh fear éigin cé leis a ndeachaigh sé.
Dá mairfeadh an leaid sin céad bliain ins an saol
Ag breathnú roimhe air is fad' an t-achar é
Ach ag breathnú ina dhiaidh air
'S é i ndeireadh a ré
Fiafróidh sé: 'meastú cá ndeachaigh sé?'
Dá dtagadh an lá inné ar ais
Rud nach dtarlóidh go héag
Mar léas ar an saol ní fhaigheann ceachtar againn
Ní iarrfainn malairt an mhic a raibh a lá breithe aige inné
Ná malairt na mná a bhí ina Mama aige.

Claisceadal na nAsal

Seán Ó Tuama

Braithimid uainn na hasail anseo . . . agus crónú mall na hoíche. Nuair a bhíomar i dtigh eile ar an oileán seo tamall, bhíodh radharc difriúil ar fad againn le titim oíche. Le claonú gréine do chorcraíodh an solas ar na cnoic agus d'éiríodh an talamh crón, dúchrón, breac-chrón: na sceacha glasdonna briogadánacha, an coinleach garbh órbhuí, na bolláin charraige – iad uile ag crónú leo, is ag druidim chugat isteach an doras, ba dhóigh leat, le muintearas.

B'in é an t-am go dtéadh na hasail thar bráid, na cloig ag clingeadh ar a muineál, glórtha daoine agus ceol á dtionlacan sa chlapsholas crón. Líon tí a bheadh ann go minic ag déanamh ar an mbaile mór: fear ag marcaíocht, b'fhéidir, ar an asal, a bhean agus a chuid leanaí ag siúl ina dhiaidh go cainteach, *transistor* ag buachaill óg acu agus ceol Theodorakis ag pléascadh as ar fud na gcnoc. Uaireanta eile is ag iompar earraí le haghaidh a ndíolta ar an mbaile a bheadh an t-asal. Oíche amháin chuala asal ag méiligh, mheasas, nuair a dhéanadh an marcach é bhrostú chun siúil. Nuair a fhéachas níos cruinne chonac cloigeann mionnáin ag gobadh aníos go scanraithe as gach ceann den dá mhála a bhí ar shrathar an asail.

Níos déanaí, nuair a cheanglaítí iad sna goirt le haghaidh na hoíche, is ea cuireadh na hasail iad féin in iúl i gceart: gol, olagón, is búirtheach fholamh uaigneach. Bhíodh roinnt acu a mbíodh sreangáin a ngutha ag crith is ag caoineadh tamall sula bhféadfaidís aon ghlór ceart a dhéanamh. Roinnt eile acu ag déanamh glóir mar a bheadh adharc is ag baint macalla as na cnoic mór-thimpeall. Is do chaithidís tamall den oíche mar sin ag freagairt a chéile ó ghort go gort, is ó ghleann go gleann. Iad i bpéin gnéis, is dócha.

Tá siad uile imithe anois — Caitlín Ní Ghallchóir

Tá mo chleamhnas déanta — Caitlín Ní Ghallchóir

Faobhar na Faille Siar
in Anglia Sheáin Uí Ríordáin

Michael Davitt

Dhein Joe Daly amach
gur tú an tarna tiománaí ba mheasa
a tháinig go Corca Dhuibhne riamh
(don Athair Tadhg a thug an chraobh).

Ní fuadar 'bhíodh fút sa tsean-Anglia
ach siléig agus ansan gan choinne
seápanna beaga reatha ó thaobh taobh.

Nuair a thugais síob dom lá i seasca seacht
ón mBuailtín siar ar an gCeathrúin
bhís leathdhrugaithe agus tú ag iarraidh
meafar an bhóthair a shlánú
ag gliúcaíocht ar éigean duit amach thar stiúir.

Ach bhí 'Adhlacadh mo Mháthar'
de ghlanmheabhair agam
is ba tú mo laoch,
mo ghile, m'fhear.

Bánú

Joe Steve Ó Neachtáin

Lig sé osna. Ní baileach gur osna ba cheart a rá—leathghráig agus leathosna measctha lena chéile. Bhí sioc go gaineamh rua. Ní dhearna an sioc céanna a bhealach faoi thalamh gan a chuid freangaí fuara a chur i bhfostú go nimheanta i ndroim an asail bhoicht. B'in é an fáth ar ardaigh a ghlór i ndoimhneas na hoíche. Mionghráig eile. Níor chuimhne lena cheann fadchluasach a leithéid d'oíche. Níorbh é an sioc ba mheasa. Bithiúnach de mhúr trom a chaith sé i dtús an chontrátha a d'fhág a fholt scagach fionnaidh ina shlíbeog shliobrach le fána a chuid easnacha.

Bhí lá ann is d'fhulaingíodh an droim sin sioc is síon. Ach bhí an lá sin caite. Má bhí an droim sin sleamhain, slíoctha ina chuid suntais do dhaoine—ní hé amháin d'asail in aimsir an chomhluadair, níorbh amhlaidh feasta é. Bhí na heasnacha amach tríd an gcraiceann anois san áit a mbíodh líonán teolaí feola tráth.

Ba é an fliuchán a chriog anocht é. Murach sin d'fhéadfadh sé an sioc a chroitheadh de. Bhí sé fánach anois aige. Bhí fad a chroise ó chuing muiníl go dtí buníochtar a ghorún srathraithe i leac oighir. Ní bheadh sé ag éagaoineadh murach sin. Rinne sé tréaniarracht é féin a chroitheadh nó go n-éiríodh sé ina sheasamh. Dá bhfaigheadh sé ar a chosa é féin, d'fhéadfadh sé cúrsa a thógáil timpeall na n-ailltreacha. Músclódh sin an sruth sna cuisleacha. Cén mhaith dó bheith á shárú féin? Dianphian ghéar a chuir sé air féin. Ní raibh an leac oighir ag loiceadh ina graithí. Is túisce a tharraingeodh sí an craiceann dá chuid easnacha ná a bhogfadh sí a greim. Ó, a Rí na nAsal, nárbh é an trua Mhuire é! B'iomaí sin pian a d'fhulaing sé—nach raibh a bhléin ina leathar de bharr pus bróg tairní a fháil go nimheanta faoin ngoile arís is arís eile i gcaitheamh a shaoil. Dhá ocead ar a ghlúine de bharr síorleagain i gcuisle an bhranra faoi bhord coirlí ag tabhairt a n-inseacht féin ar phéin. Gan trácht ar dheargadh tiaraí. B'in í an phian i ndáiríre. Rópa cnáibe báite trí horlaí i bhfeoil idir slat a dhriobaill is cnámh a chairín. Drochlot a bhí ansin gan amhras—nár bheag an t-iontas dó a bheith tugtha—is gur air a bhíodh míoltóga an chriathraigh á mbeathú féin chuile shamhradh as a chéile. Is minic a bhíodh an phlaic a d'itheadh sé trí seachtaine ina cholainn mar nach bhféadadh sé an cur uaidh a fhulaingt le teann péine i mbéal an bhealaigh. Ach bhain pian na hoíche anocht farasbarr de ghéire na bpianta sin uilig trína chuibhriú i gclóca crua seaca.

I bhfad ó mo dhaoine idir dhá thír — Caitlín Ní Ghallchóir

An Bradán sa Linn — Darach Ó Scolaí

An Foclóirí

Colm Breathnach

'Má thánn tú chomh cliste sin,' a dúirt mo chroí liom,
'ba cheart go mbeadh focal agat ar an mothú seo.'

Ach ní raibh agus níl.

Níl aon fhocal agam

cé go ndeinim iad a bhailiú.

Cuirim iad ar stór i bhfoclóirí
is liostaí, i gcuimhne ríomhairí

ach níl aon fhocal agam air seo fós.

Cian, uaigneas,
dobrón, dúbhrón
aonaracht,

n'fheadar, aiféala, b'fhéidir.

Níl aon fhocal agam air
as na focail go léir go bpléim leo.

Deinim iad a scagadh, a dhíochlaonadh.
Deinid mé a mhíniú,
cloisim iad ag labhairt fúm,
faoi chlúid na leabhar,
go síoraí de chogar ciúin.

A Chríost, a dhuine,
fill thar n-ais chugam,
bíodh focal agat liom.

Toibreacha

Micheál Ó Cuaig

Ní caitear le toibreacha mar ba chóir
Ó thriomaigh an t-éileamh orthu.

Bhíodar naofa – an chuid díobh
Nár luadh míorúilt leo ach fíoruisce.

Tugadh urraim dóibh an uair úd,
Sciúrtaí iad go grinneall.

Is an ceann a choinníodh braon
Ar thriomach mór ba mháithreach chruthanta é.

Ceann fánach nach bhfuil anois ó aithne,
Na cosáin go dtí iad amhlaidh.

Leac is cloch le fada as áit
Caonach ramhar ar an uisce . . .

Ach ní caoineadh a fheileann tobar
Ní hamhlaidh a bhásaigh mar síltear.

Tá an fíor ag brúchtadh fós
Mar a bhíonn dínit i seandaoine.

Fear an Mhála — Darach Ó Scolaí

Beirt — Darach Ó Scolaí

An Fharraige Fhiaclach

Diarmuid Johnson

An fharraige fhiaclach, an díle dhiamhrach
Borradh gan anam, bris thobann,
Búir allta ag breith ar thalamh.

An fharraige fhiaclach, an tuile líofa,
Bealach na mbó fionn, na mbarc crom,
Siúlann grian ort trí na blátha bána.

An fharraige fhiaclach 's ancairí in íochtar:
Bruith ainnis, maighdean tláithchnis,
Eitlíonn éin trí do thaobha,
Cuimlíonn na heití do chíocha.

Scáthán na réalt thú, liúrach na séad,
Gluaiseann gealach trí do bhroinn
Gan bheann ar eangach.

Do ghrua glas is fuar, fuar,
Is deorach do chuid sáile,
Tá dlaoi gan cheangal ort anocht
'S do chúilín scuabach ag cáthadh.

Ach tabhair don long cead seoil,
A mhaidhm, a pholl chaoch na gcnámh,
Bí don soitheach i do leaba,
Lig don chíle greadadh,
Go dtéadse anonn,
Go dtriomaí tonn,
Go bhfáiscead chugam mo leanbh.

Cuaifeach mo Londubh Buí

Séamas Mac Annaidh

Láithreach bonn bhí sagart ina sheasamh sa chiorcal agus éide air den saghas a bhíodh ar na sagairt nuair a bhí Gilly óg den chéad uair. Bhí blas an deiscirt ar a chuid cainte nuair a thosaigh sé a labhairt.

'Shíl mise gur Humbaba a bhí ann,' arsa Aodán i gcogar.

'. . . loan words have been inserted when they have a footing in the language; such words frequently acquire a new shade of meaning. It is not desirable, however, to encourage the use of words only recently borrowed and for which there are good Irish equivalents, even if the latter have largely gone out of use.'

'Tá go maith, a Athair,' arsa Fánaí, 'ní raibh mé ach ag magadh.'

'*Magadh* -gaidh *m.*; act of mocking, making fun of or jeering at (fá, ar); mockery, ridicule, absurdity.'

'Tá brón orm arís ach ní hé sin an rud a bhí i gceist agam.'

'*Ceist* - e *pl.* -eanna *f.*; a question, a problem, a difficulty, anxiety, shyness; regard.'

'Regard, sin é, a Athair. Tá meas agam ort.'

'*Meas* -a and -ta, *m.*, act of measuring, valuing, estimating, considering, judging, thinking, valuation, a measure or scale, a surveyor's measure, a rod for measuring graves – agus deir tú go bhfuil meas agat orm?'

'Meas eile atá i gceist agam is dócha.'

'An ea? Fan go gcloisir – meas, –a *pl. id.* and -anna *m.*; fruit, produce; fig, offspring, descendants;'

'Meas eile arís is cosúil,' arsa Fánaí ag éirí míchompordach.

'Cad mar gheall ar *meas m.*, edge; nó fiú *meas* -eise f., fosterling, a pet.'

'Speakfaidh mé English ó seo amach.'

'Tá sé á labhairt agat cheana, a mhic.' D'amharc an sagart go géar orthu uilig.

'Céard tá ar bun agaibh? Tá braillíní á gcaitheamh agaibh.'

'Tá, leoga, agus chan gan chúis ach oiread,' arsa Gilly ag iarraidh an bealach a réiteach chun ceist a chur air

'Gaolainn an Tuaiscirt. Táim ag imeacht.'

'Fan, a Athair,' a d'impigh Gilly, é ag éirí ina sheasamh ó bhí cruthanas de dhíth air. 'An bhfuil sé fíor nach gcaitheann tú fo-éadaí?'

Túr Dóchais — Cliodna Cussen

Cumann — Cliodna Cussen

An tUaireadóir

Tarlach Mac Congáil

Is deacair glacadh leis go bhfuil m'uaireadóir briste.
Bhí sé lonrach in ainneoin a mhóraoise
Agus chomh riachtanach céanna agam leis an gcéad lá riamh.
Bronntanas Nollag a bhí ann a fuair mé i mí na gCuach:
Mhéadaigh an mhoill mo dhúil ann.
Bhí mé ag síorsmaoineamh ar an uaireadóir uaidh sin amach,
Cé go mbíodh sé scaití sa bhaile agus mé ar shiúl,
Nó i dteach carad nó in áiteanna eile.

Is deacair glacadh leis nach ndeiseofar m'uaireadóir go brách,
Agus nach ndéanfaidh mé fiodrince lucháireach leis arís.
Níl ceannach ar sheoid d'uaireadóir mar é –
Taisce mo chuimhní, uaireadóir mo bheatha
Ar eagraíodh gach uile rud beo lena chúnamh:
Níl athghabháil ar an sonas a bhí.
Tá an todhchaí go léir san aimsir chaite.

An Chulaith

Siobhán Ní Shúilleabháin

Tharraing an gluaisteán mór galánta isteach in aice an chosáin timpeall an chúinne ó thosach an tséipéil. Is suarach den ghalántacht a bhí ag baint leis an bhfear a tháinig amach as, áfach. Cleithire d'fhear gágach garbh; an dá ghéag mhóra bhí ar sileadh leis ba shuntasaí ina dhreach. É meánaosta, culaith fir oibre air, bróga troma bhí lán de láib bhuí láithreáin tógála, hata tite siar ó aghaidh chnapánach a bhí dearg ó ghaoth, ó ghrian, agus ó bhreis póite.

Bhrúigh sé an hata anuas chun tosaigh agus d'fhéach timpeall ar dheismireacht néata gharraí an tséipéil; an charrpháirc tharramhacadaim, na leapacha tomhaiste bláthanna ag a ciumhais, nua-aimsearthacht an tséipéil féin ag éirí aníos ina chruinncheap cóirithe brící is gloine. Ghaibh bean amach doras an tséipéil, a bascaed ar a hascaill, a maidrín ar a héill. Bhreithnigh an fear go tarcaisneach í, amhail agus ná raibh aon cheart aici bheith ann, go raibh an áit seo curtha in áirithe do chúram níos tábhachtaí an mhaidin speisialta seo. Thug sé isteach cliathánach fé dhoras an tséipéil ina throisteanna troma. Bhreithnigh sé na bláthanna bhí ina raidhse ar an altóir, an cairpéad dearg bhí oiriúnach le rolladh anuas trí lár an tséipéil, na cathaoireacha a bhí laistigh de na ráillí. Thug sé leathfheacadh dá ghlúin i dtreo lampa an tsanctóra, dhein comharthaí sóirt d'fhíor na croise ar a ucht, agus bhuail amach arís. D'fhan rian a bhróg ina láib bhuí ar adhmad snasta an urláir.

Isteach thar n-ais sa ghluaisteán leis, agus tharraing as a phóca buidéal, agus chuir ar a cheann é. Chaith siar a hata, chuimil an t-allas dá éadan agus bhreithnigh buíoch ghléineach na dí sa ghréin.

'Má théann tú ar phósadh gan chuireadh, beir leat stóilín chun suite,' a deir sé leis féin go searbhasach. Ba é seo an stóilín a bheadh aige féin, an buideal ómra, chun seasamh agus chun suí, agus tuilleadh an diabhail chucu muna dtaitneodh san leo. Náireodh sé iad, mar is é bhí tuillte acu. D'fhéach sé go sásta ar a chulaith oibre, ar rianta na láibe ar a bhróga, ar a dhá láimh mhéiscreacha, agus an salachar ina riastaí tríothu. Trua nár fhág sé bruth féasóige leis air féin ach bhí sé bearrtha ar maidin sarar thuig sé é féin, sarar bheartaigh sé an díoltas. Ó, ach nach é a bhainfeadh an sásamh as mar dhíoltas! A ndúshlán uile a thabhairt; an tír, an cine, an bhean—go háirithe an bhean mar bhí fé ndeara an iníon iompú ina choinne. Éinne amháin iad araon anois, beirt bhan d'aon chine, ba é féin an stróinséir eatarthu, an tÉireannach tuathalach nach n-iompródh é féin mar ba cheart, nár luigh riamh agus nach luífeadh choíche le béasa a thíre altroma. Ach má cheapadar san go raibh sé féin chun coimeád as an tslí inniu, agus ligint do Jeaic an diabhail bhuí a chúram a dhéanamh, bhí dearúd orthu.

Píosa 2000 — Máirtín Ó Céidigh agus Seán Monaghan